школа - a skoro	2
путовање - a koiri	5
транспорт - a transport	8
град - a foto	10
пејсаж - a landschap	14
ресторан - a restaurant	17
супермаркет - a wenkri	20
напитци - a dringi	22
јело - a nyan	23
сеоско газдинство - a burugron	27
кућа - a oso	31
дневна соба - a foroisi	33
кухиња - a botrali	35
купаоница - a was oso	38
дечија соба - a pikin kamra	42
одећа - a krosi	44
канцеларија - a kantoro	49
економија - a ekonomia	51
занимања - den kari	53
алати - a wrokosani	56
музички инструмент - den poku sani	57
зоолошки врт - a meti dyari	59
спорт - a sport	62
активности - den aktifiteit	63
породица - a famiri	67
тело - a skin	68
болница - a ati oso	72
хитни случај - a nowtu	76
земља - a grontapu	77
сат - oloisi	79
седмица - a wiki	80
година - a yari	81
облици - den form	83
боје - kloru	84
супротности - difrenti	85
бројеви - den nomru	88
језици - den tongo	90
ко / шта / како - suma / sang / fa	91
где - pe	92

Impressum
Verlag: BABADADA GmbH, Nedderfeld 112 , 22529 Hamburg
Geschäftsführer / Verlagsleitung: Harald Hof
Druck: Books on Demand GmbH, In de Tarpen 42, 22848 Norderstedt

Imprint
Publisher: BABADADA GmbH, Nedderfeld 112 , 22529 Hamburg, Germany
Managing Director / Publishing direction: Harald Hof
Print: Books on Demand GmbH, In de Tarpen 42, 22848 Norderstedt

школа
a skoro

- делити / prati
- плоча / a bord
- учиона / a klas
- школско двориште / a skoro dyari
- наставник / a leriman
- папир / a papira
- писати / skrifi
- хемијска оловка / a pen
- писаћи стол / a tafra
- лењир / a lati
- књига / a buku
- ученик / a studenti

торба
a skorotas

перница
a kisi

графитна оловка
a skriftiki

шиљило за оловке
a srapu

гумица за брисање
a sisibi

блок за цртање
a prenki buku

цртеж
a prenki

кист
a kwasi

кутија са бојама
a ferfidosu

маказе
a sisei

лепило
a gomma

бележница
a skrifbuku

домаћи задатак
a skorowroko

број
a nomru

2+2

сабирати
teri

одузимати
koti

множити
vermenigvuldig

рачунати
teri

слово
a brifi

ABCDEFG
HIJKLMN
OPQRSTU
VWXYZ

абецеда
a alfabet

реч
a wortu

школа - a skoro

текст
a wortu

читати
lesi

креда
a kreiti

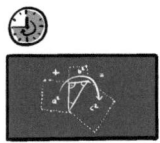

час
a yuru

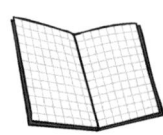

дневник
a klasbuku

испит
a examen

сведочанство
a skoropapira

школска униформа
a sem skoro krosi

образовање
a skoro

лексикон
a encyklopedie

универзитет
a unifersiteit

микроскоп
a mikroskoop

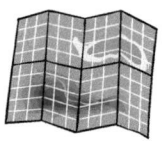

карта
a karta

кошара за папир
a doti embre

путовање
a koiri

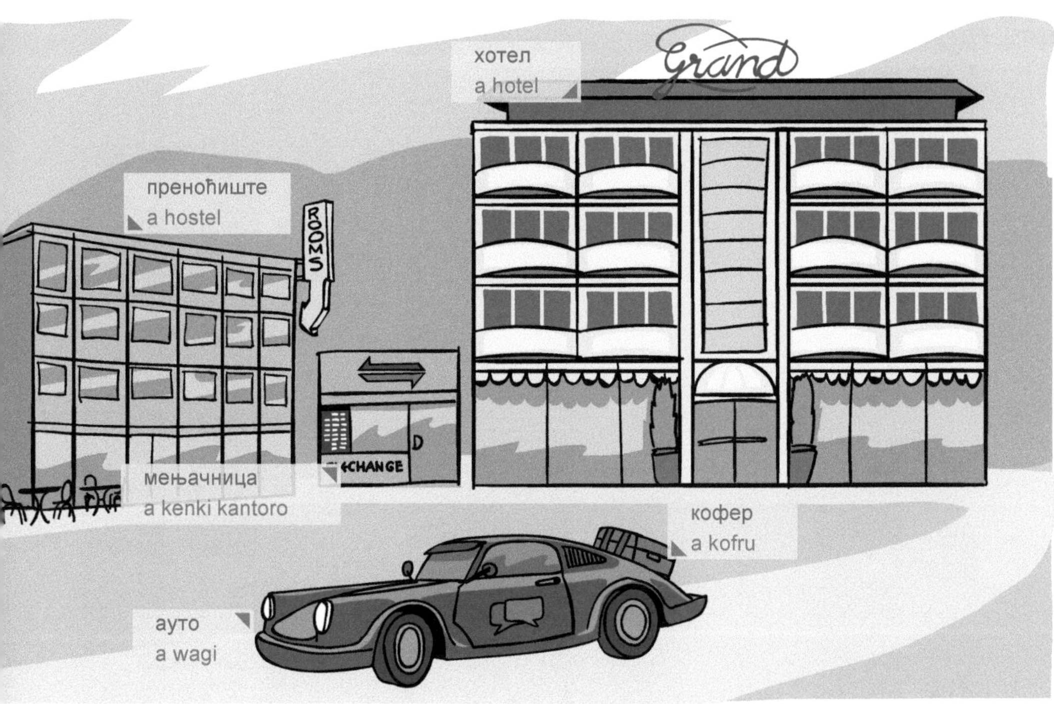
хотел
a hotel
Grand
преноћиште
a hostel
ROOMS
мењачница
a kenki kantoro
кофер
a kofru
ауто
a wagi

језик

a tongo

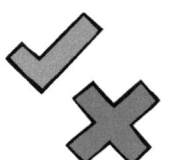

да / не

ai / no

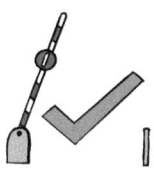

океј

afen

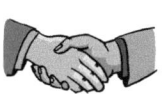

здраво

Ei!

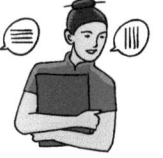

преводилац

a torku

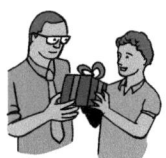

хвала

Grantangi

 Колико кошта...? O meni...?	 не разумем Mi ne ferstan	 проблем a problema
 добро вече! Kuneti!	 Добро јутро! Morgu!	 Лаку ноћ! Kuneti!
 довиђења Adyosi!	 смер a beni	 пртљага a bagasi
 торба a tas	 руксак a tas	 гост a fisiti
 соба a kamra	 врећа за спавање a sribi saka	 шатор a tenti

путовање - a koiri

туристичке информације
a reiskantoro

плажа
a sekanti

кредитна картица
a kreditkarta

доручак
a mamanten nyanyan

ручак
nyanyan

вечера
a nyanyan

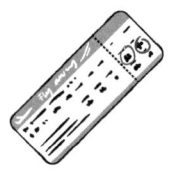
карта за вожњу
a karta

лифт
a lift

поштанска маркица
a stampu

граница
a lanki

царина
a douane

амбасада
a ambassade

виза
a fisa

пасош
a pasportu

путовање - a koiri

транспорт
a transport

авион
a isrifowru

брод
a boto

ватрогасно возило
a brandweerwagi

аутобус
a bus

теретно возило
a wagi

моторни чамац
a motro boto

бицикл
a baisigri

ауто
a wagi

трајект

a pondo

чамац

a boto

мотоцикл

a motro

полицијски ауто

a skowtu wagi

тркаћи ауто

a streilon wagi

изнајмљено ауто

a yuru wagi

 дељење аутомобила a wagi prati	 вучно возило a takelwagi	 возило за одвоз смећа a doti wagi
 мотор a motro	 бензин a oli	 бензинска станица a oli pompu
 саобраћајни знак a ferkeermarki	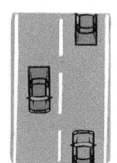 саобраћај a ferkeer	 застој a reylo
 паркиралиште a parkeerpresi	 железничка станица a lokopresi	 шине den rail
 воз a loko	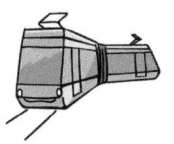 трамвај a loko	 вагон a wagi

транспорт - a transport

хеликоптер
a helikopter

аеродром
a opolangi

кула
a fortresi

путник
a pasasir

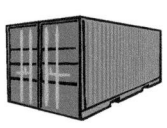
контејнер
a kontainer

картон
a doso

колица
a wagi

корпа
a baskita

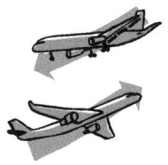
узлетети / слетети
opo go / saka

град
a foto

село
a dorpu

центар града
a fotosei

кућа
a oso

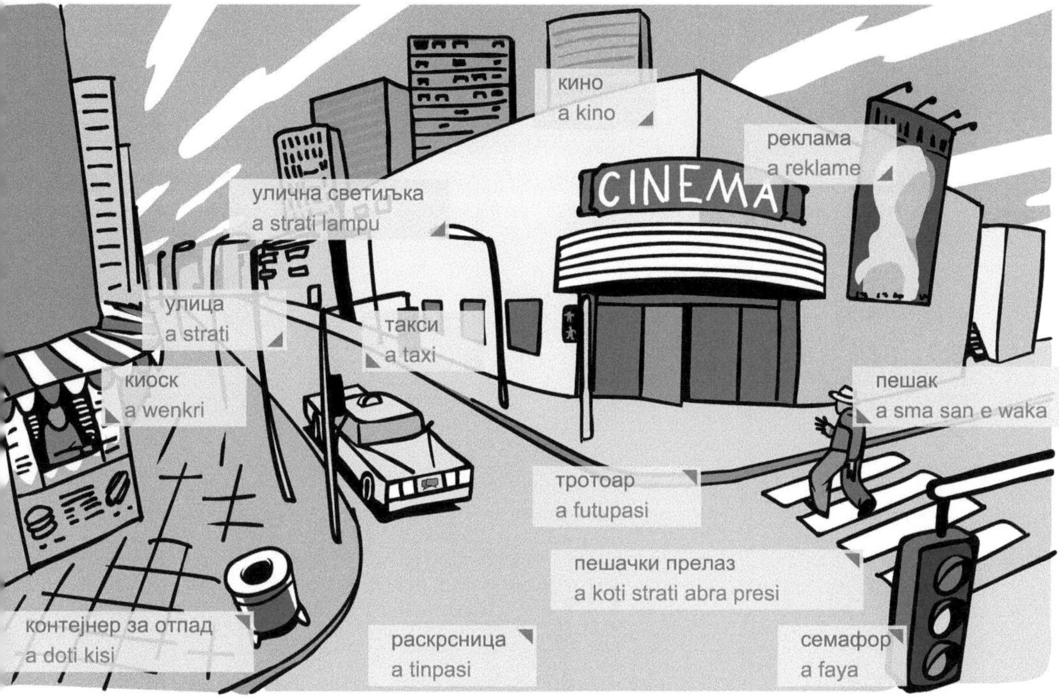

кино
a kino

реклама
a reklame

улична светиљка
a strati lampu

улица
a strati

такси
a taxi

пешак
a sma san e waka

киоск
a wenkri

тротоар
a futupasi

пешачки прелаз
a koti strati abra presi

контејнер за отпад
a doti kisi

раскрсница
a tinpasi

семафор
a faya

колиба
a kampu

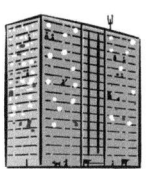

стан
a oso

железничка станица
a lokopresi

већница
a foto oso

музеј
a museum

школа
a skoro

град - a foto

универзитет
a unifersiteit

банка
a bangi

болница
a ati oso

хотел
a hotel

апотека
a apteiki

канцеларија
a kantoro

књижара
a buku winkri

продавница
a wenkri

цвећара
a bromki winkri

супермаркет
a wenkri

трг
a wowoyo

робна кућа
a wowoyo

рибарница
a fisi seri man

трговачки центар
a bigi wenkri

лука
a lanpresi

град - a foto

парк

a park

клупа

a bangi

мост

a broki

степенице

a trapu

подземна железница

a fatyawagi

тунел

a ondrogron-strati

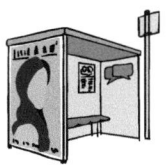

аутобуска станица

a bushalte

бар

a bar

ресторан

a restaurant

поштанско сандуче

a brifibus

улични знак

a strati nen marki

паркирни аутомат

a parkeer marki

зоолошки врт

a meti dyari

базен

a swen presi

џамија

a gado-oso

град - a foto

сеоско газдинство
a burugron

загађење околине
a doti sani

гробље
a berpe

црква
a kerki

игралиште
a prei presi

храм
a gado-oso

пејсаж
a landschap

- лист — a wiwiri
- путоказ — a pasi marki
- пут — a pasi
- ливада — a wei
- камен — a ston
- дрво — a bon
- шетач — a koiri sma
- река — a libi
- трава — a grasi
- цвет — a bromki

долина
a lagi presi

планина
a lebriki

језеро
a fisi-olo

шума
a busi

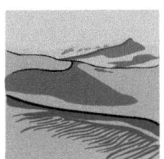
пустиња
a dreisabana

вулкан
a bergi

дворац
a ridder-oso

дуга
a alenbo

гљива
a todoprasoro

палма
a palmbon

москито
a maskita

мува
a freifrei

мрав
a mira

пчела
a waswasi

паук
a anansi

пејсаж - a landschap

буба
a asege

жаба
a todo

веверица
a bonboni

јеж
a agidya

зец
a kon koni

сова
a owru kuku

птица
a fowru

лабуд
a gansi

дивља свиња
a werder agu

јелен
a dia

лос
a dia

насип
a dan

ветрењача
a winti miri

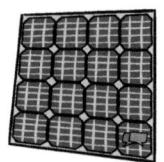

соларна плоча
a son planga

клима
a weer

пејсаж - a landschap

ресторан
a restaurant

конобар
a diniman

јеловник
a nyankarta

столица
a sturu

супа
a supu

пица
a pissa

прибор за јело
nefi nanga forku

стољак
tafra duku

предјело
a fesi nyanyan

главно јело
a moro prenspari sortu nyan

десерт
a switi sani

напитци
a dringi

јело
a nyan

флаша
a batra

брза храна
a fastfood

имбис храна
strati nyanyan

чајник
a tépatu

доза за шећер
sukru patu

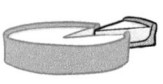
порција
a krab'patu

апарат за еспресо
a espressomasyin

висока столица
a pikin sturu

рачун
a borgu

послужавник
a brakri

нож
a nefi

виљушка
a forku

кашика
a spun

чајна кашика
a téspun

салвета
a servet

чаша
a grasi

ресторан - a restaurant

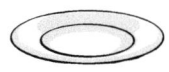

тањир

a preti

тањир за супу

a supu preti

тањирић

a skotriki

сос

a sowsu

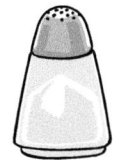

сољенка

a sowtupatu

млин за бибер

a pepre miri

сирће

a asin

уље

a oli

зачини

den specerij

кечап

a ketchup

сенф

a mosterd

мајонеза

a mayonaise

ресторан - a restaurant

супермаркет

a wenkri

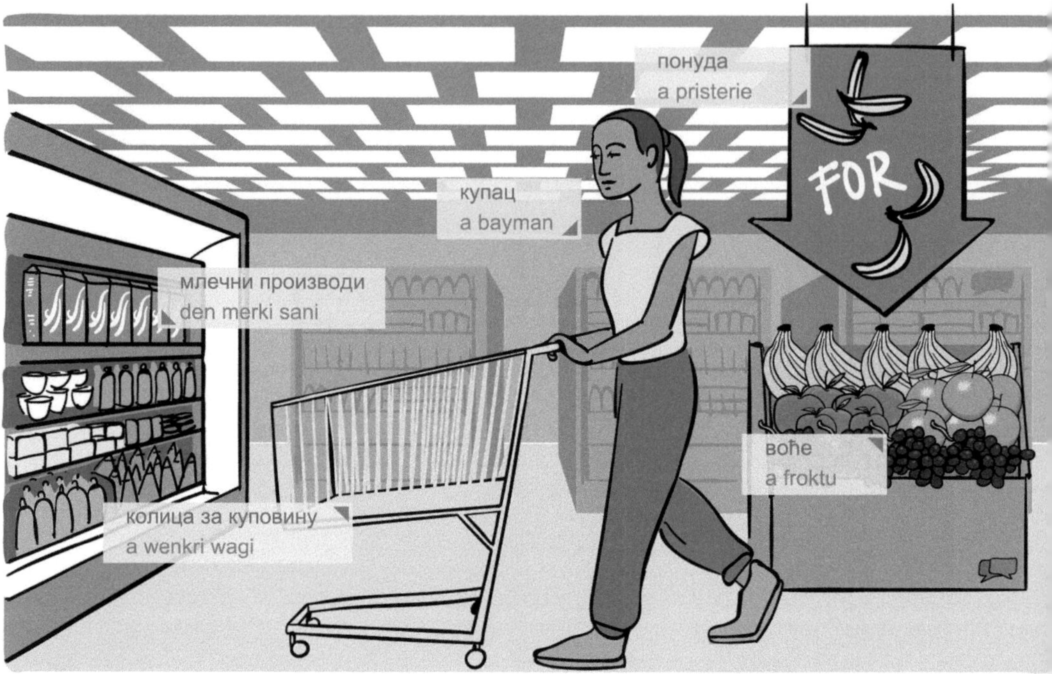

понуда
a pristerie
купац
a bayman
млечни производи
den merki sani
воће
a froktu
колица за куповину
a wenkri wagi
FOR

BUTCHERS

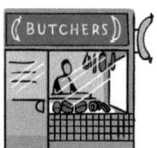

месница

a srakti-oso

BAKERY

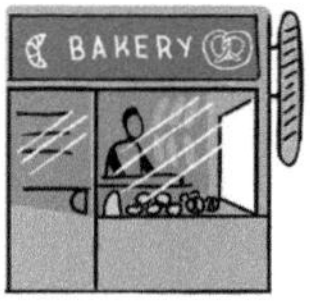

пекара

a bakri-oso

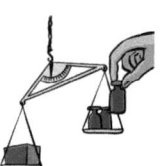

вагати

wegi

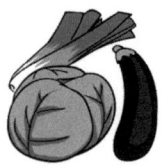

поврће

a gruntu

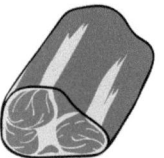

месо

a meti

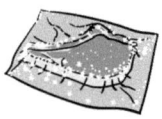

смрзнута храна

den ijskasi sani

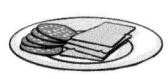

нарезак
a kowru meti

конзерве
a blik nyan

средство за прање
a wasi sani

слаткиши
a switi sani

артикли за домаћинство
den oso sani

средства за чишћење
a sani fu krin

продавачица
a seri sma

благајна
a kas

благајник
a kasman

листа за куповину
a bai marki

време рада
den opo yuru

новчаник
a portmoni

кредитна картица
a kreditkarta

торба
a tas

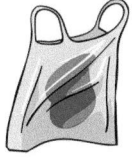

пластична кеса
a plastik saka

супермаркет - a wenkri

напитци
a dringi

вода

a watra

сок

a sap

млеко

a merki

кола

a kola

вино

a win

пиво

a biri

алкохол

a sopi

какао

a skrati

чај

a té

кава

a kofi

еспресо

a espresso

капућино

a kappuccino

јело
a nyan

банана
a bakba

јабука
a apra

наранџа
a apresina

лубеница
a watramun

лимун
a sitrun

шаргарепа
a rutu

бели лук
a konofroku

бамбус
a bambu

лук
a aiun

гљива
den todoprasoro

орашасти плодови
den noto

резанци
a pasta

шпагете	рижа	салата
a spaghetti	a alesi	a salade

помфрит	печени крумпир	пица
a patata	den baka patata	a pissa

хамбургер	сендвич	шницла
a burger	a brede	a schnitsel
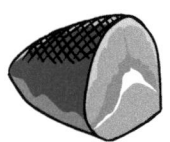		
шунка	салама	кобасица
a ameti	a salami	a worst

кокош	печење	риба
a kafowru	a bakadina	a fisi

jeло - a nyan

 зобене пахуљице a hafermout	 мусли a muesli	 кукурузне пахуљице den karuflakes
 брашно a blon	 кроасан a croissant	 пециво den brede
 хлеб a brede	 тоаст a baka brede	 кекси a buskutu
 маслац a botro	 свежи сир a kwark	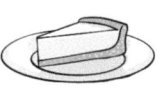 колач a kuku
 jaje a eksi	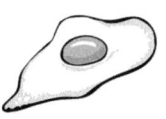 jaje на око a baka eksi	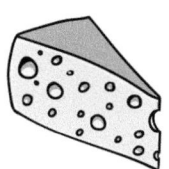 сир a kasi

jeло - a nyan

сладолед
a ice-cream

шећер
a sukru

мед
a oni

мармелада
a jam

нугат крема
a sukruskrati pasta

кари
a kerrie

jело - a nyan

сеоско газдинство
a burugron

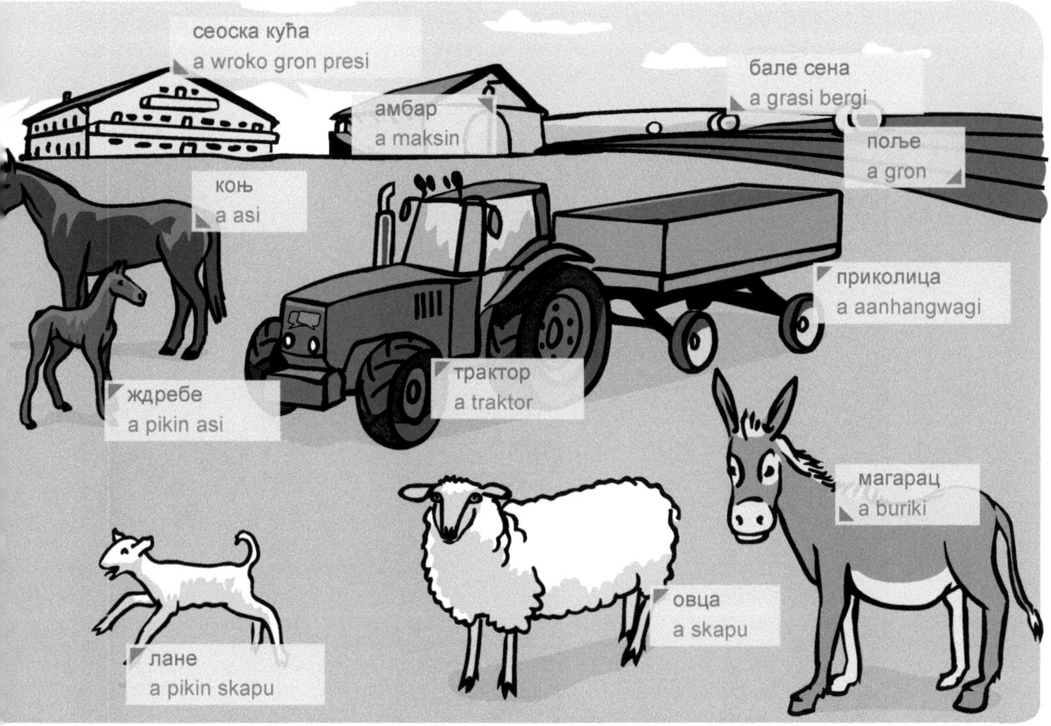

сеоска кућа — a wroko gron presi
амбар — a maksin
бале сена — a grasi bergi
поље — a gron
коњ — a asi
приколица — a aanhangwagi
ждребе — a pikin asi
трактор — a traktor
магарац — a buriki
овца — a skapu
лане — a pikin skapu

коза
a krabita

крава
a kaw

теле
a pikin kaw

свиња
a agu

прасе
a pikin agu

бик
a burkaw

гуска
a gansi

патка
a doksi

пилићи
a pikin fowru

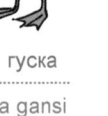

кокош
a fowru

петао
a kakafowru

пацов
a alata

мачка
a puspusi

миш
a moismoisi

во
a burkaw

пас
a dagu

кућица за пса
a dagu pen

вртно црево
a tuinslang

канта за поливање
a watra kan

коса
a nefi

плуг
a pluga

сеоско газдинство - a burugron

срп
a babun-nefi

мотика
a tyapu

виљушка за ђубриво
a forku

секира
a beyri

тачке
a kroiwagi

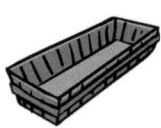

корито
a baki

посуда за млеко
a merki kan

врећа
a saka

ограда
a skotu

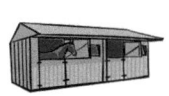

штала
a pen

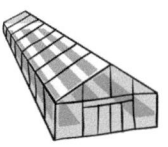

стакленик
a grun kasi

земља
a gron

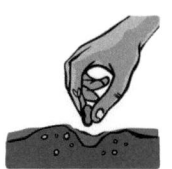

семе
a siri

ђубриво
a doti

комбајн
a maaidorser

сеоско газдинство - a burugron

жети
koti

жетва
a nyanyan

јамс зачин
a yami

пшеница
a aleisi

соја
a soja

крумпир
a patata

кукуруз
a karu

уљана репица
a koro siri

воћка
a froktu bon

гомољ маниоке
a kasaba

житарице
den siri

кућа
a oso

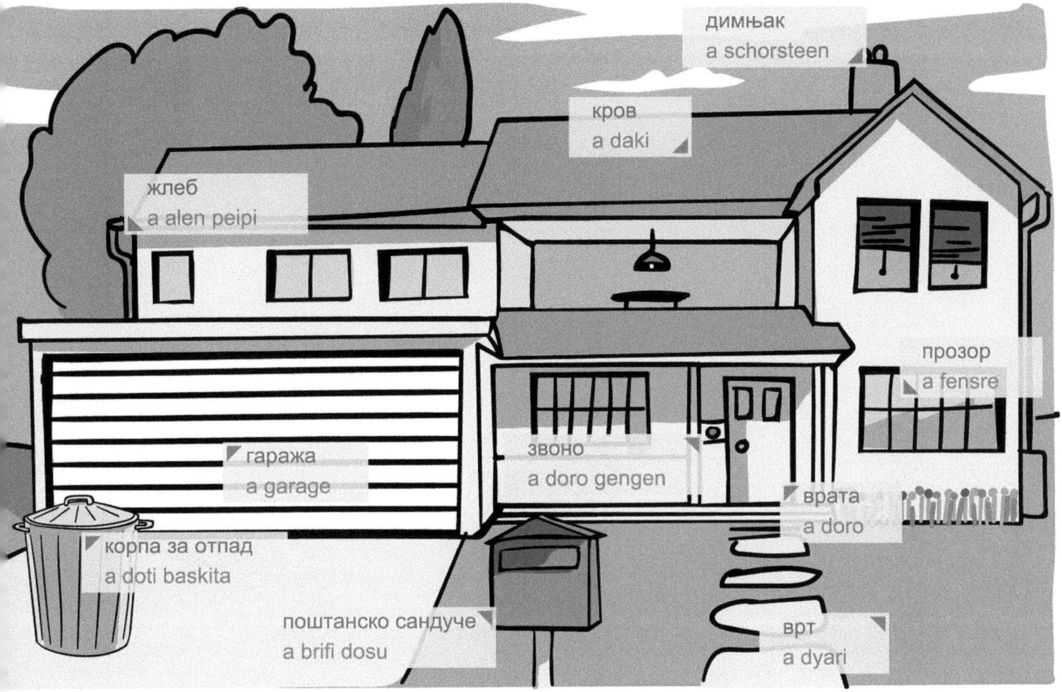

- димњак — a schorsteen
- кров — a daki
- жлеб — a alen peipi
- прозор — a fensre
- гаража — a garage
- звоно — a doro gengen
- врата — a doro
- корпа за отпад — a doti baskita
- поштанско сандуче — a brifi dosu
- врт — a dyari

дневна соба
a foroisi

купаоница
a was oso

кухиња
a botrali

спаваћа соба
a sribikamra

дечија соба
a pikin kamra

трпезарија
a nyanyan kamra

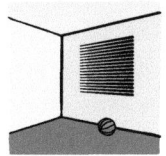 под a gron	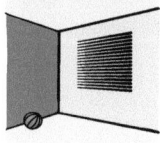 зид a skotu	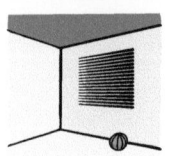 строп a plafon
 подрум a kedre	 сауна a sauna	 балкон a barkon
 тераса a terras	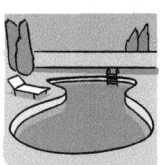 базен a swen presi	 косилица за траву a waimasyin
 постељина за кревет a sribikrosi	 дека за кревет a sribikrosi	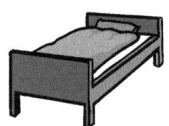 кревет a bedi
 метла a sisibi	 канта a embre	 прекидач a san fu leti faya

кућа - a oso

дневна соба
a foroisi

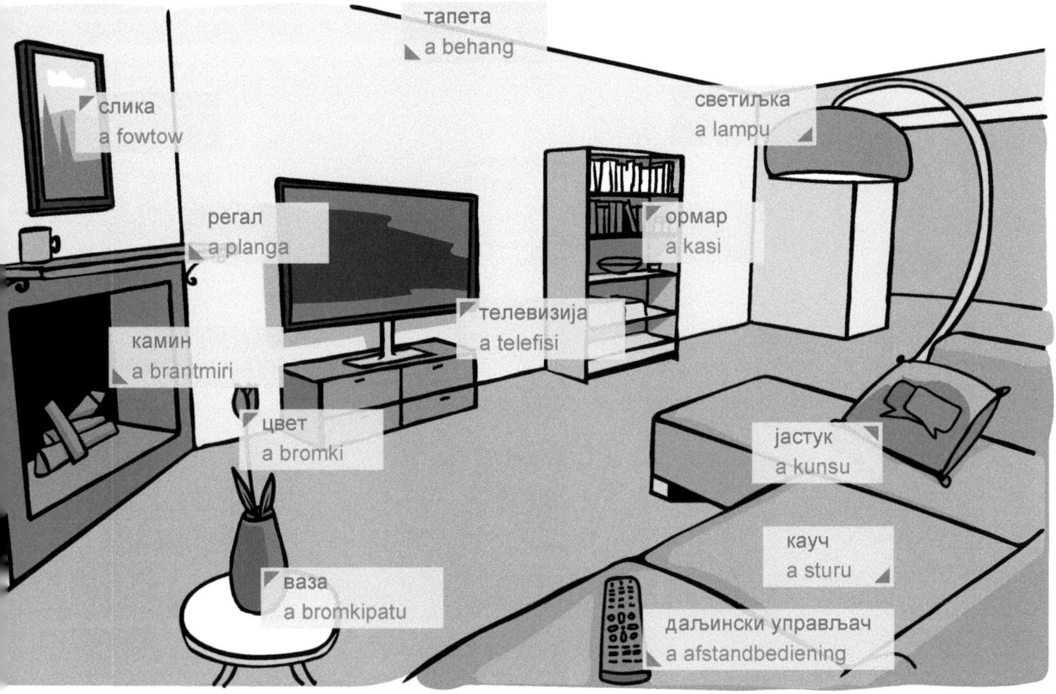

тапета — a behang
слика — a fowtow
светиљка — a lampu
регал — a planga
ормар — a kasi
камин — a brantmiri
телевизија — a telefisi
цвет — a bromki
јастук — a kunsu
кауч — a sturu
ваза — a bromkipatu
даљински управљач — a afstandbediening

тепих
a matamata

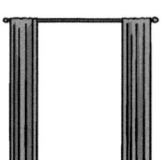

завеса
a garden

сто
a tafra

столица
a sturu

столица за њихање
a boboisturu

фотеља
a sturu

књига
a buku

дека
a tapun

декорација
a pranpran

дрво за огрев
a udu

филм
a kino

хи-фи уређај
a stereo-installatie

кључ
a sroto

новине
a koranti

слика на платну
a skedrei

постер
a poster

радио
a konkrudosu

блок за писање
a skrifi buku

усисивач
a stofsuiger

кактус
a kaktus

свећа
a kandra

кухиња
a botrali

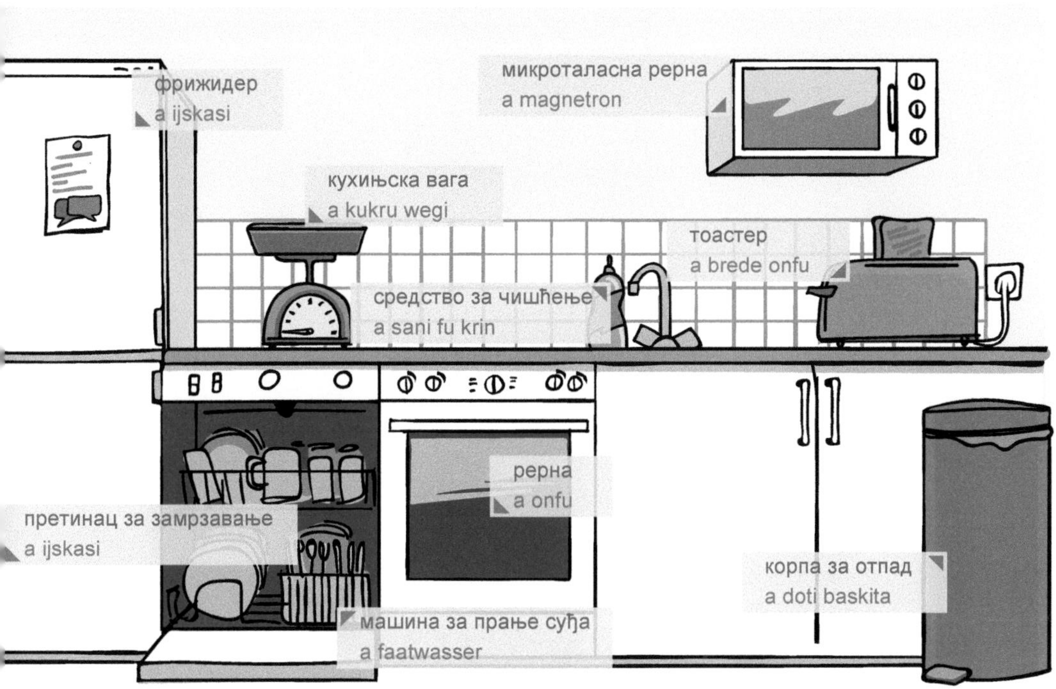

- фрижидер — a ijskasi
- микроталасна рерна — a magnetron
- кухињска вага — a kukru wegi
- тоастер — a brede onfu
- средство за чишћење — a sani fu krin
- рерна — a onfu
- претинац за замрзавање — a ijskasi
- корпа за отпад — a doti baskita
- машина за прање суђа — a faatwasser

шпорет
a onfu

лонац
a patu

гвоздени лонац
a isri patu

вок / кадаи
a wok / kadai

тава
a pan

кувало за воду
a ketre

кувало на пару
a dampupatu

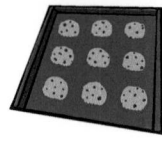

лим за печење
a baka preti

посуђе
den tafra-sani

чаша
a kan

посуда
a koba

штапићи за јело
den nyantiki

кутлача
a supu spun

лопатица
a spatel

пењача
a klutser

сито за кување
a fergiet

сито
a dorodoro

рибеж
a gritigriti

мужар
a mortier

роштиљ
a barbakoto

огњиште
a faya presi

кухиња - a botrali

даска

a koti planga

оклагија

a blon lolo

вадичеп

a korkutreki

конзерва

a tromu

отварач конзерви

a knefi fu opo blik

крпа за лонац

a patu duku

судопер

a wasibaki

четка

a bosro

сунђер

a sponsu

миксер

a blender

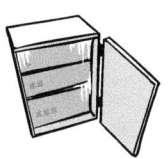

замрзивач

a ijskasi

флашица за бебе

a beibi batra

славина за воду

a kran

кухиња - a botrali

купаоница
a was oso

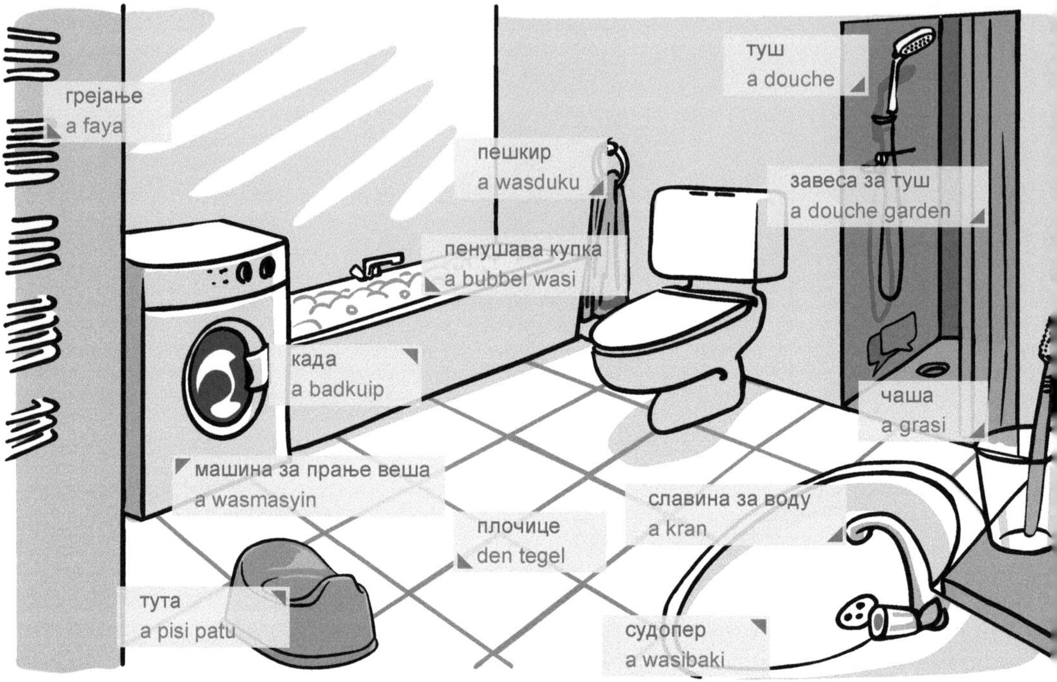

- грејање — a faya
- туш — a douche
- пешкир — a wasduku
- завеса за туш — a douche garden
- пенушава купка — a bubbel wasi
- када — a badkuip
- чаша — a grasi
- машина за прање веша — a wasmasyin
- плочице — den tegel
- славина за воду — a kran
- тута — a pisi patu
- судопер — a wasibaki

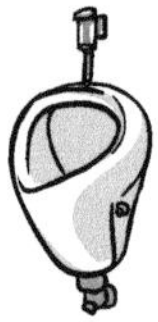

тоалет	чучавац	бидет
a kumakoisi	a kumakoisi	a bidet

писоар	тоалетни папир	четка за тоалет
a pisi presi	a kumakoisi papira	a kumakoisi bosro

купаоница - a was oso

четкица за зубе

a tifi bosro

паста за зубе

a tandpasta

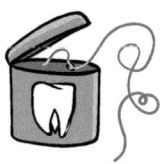

конац за зубе

a floss

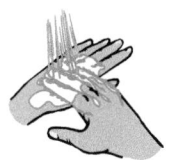

прати

wasi

туш ручица

a douche

туш за прање интимних делова

a kumakoisi douche

лавор

a was koba

четка за прање леђа

a baka bosro

сапун

a sopo

гел за туширање

a douchegel

шампон

a sopo

крпа за прање

a was krosi

одвод

a afvoer

крема

a krème

дезодоранс

a okselstik

купаоница - a was oso

39

огледало
a spikri

козметичко огледало
a moimoi fu fesi spikri

бријач
a sebinefi

пена за бријање
a sebiskuma

лосион за после бријања
a aftershave

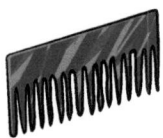

чешаљ
a kankan

четка
a bosro

фен за косу
a wiri drei masyin

спреј за косу
a wirispray

шминка
a moimoi fu fesi

руж за усне
a lippenstift

лак за нокте
a nangra ferfi

вата
den katun

маказе за нокте
a nangra sey

парфем
a switi smeri

купаоница - a was oso

козметичка торбица
a tas gi krin sani

столица
a kroku

вага
a wegi

огртач
a was dyaki

рукавице за чишћење
den handschoen fu krin

тампон
a tampon

уложак
a munduku

хемијски тоалет
a kumakoisi

дечија соба

a pikin kamra

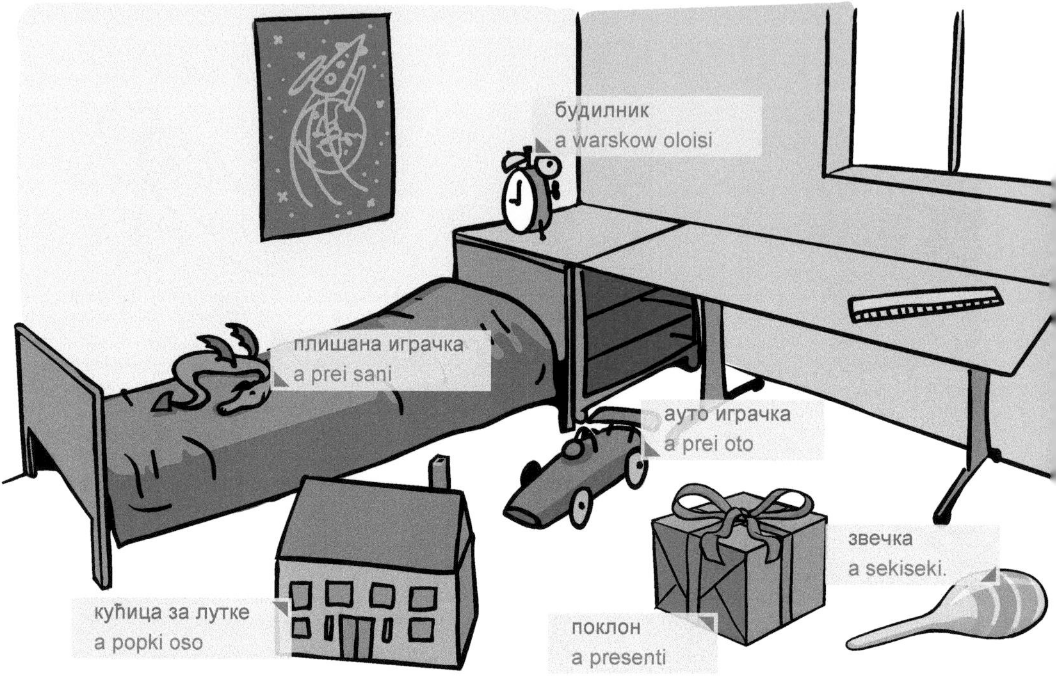

будилник
a warskow oloisi
плишана играчка
a prei sani
ауто играчка
a prei oto
звечка
a sekiseki.
кућица за лутке
a popki oso
поклон
a presenti

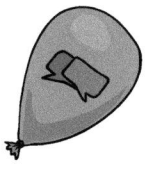

балон

a ballon

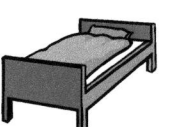

кревет

a bedi

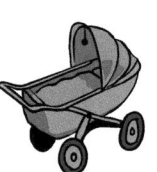

дјечија колица

a beibiwagi

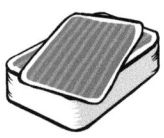

игра са картама

a paki karta

слагалица

a laytori

SUPER MEGA

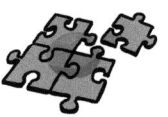

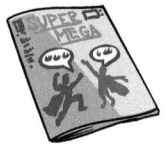

стрип

a strip torie

лего коцкице

den lego ston

коцкице за слагање

den prei sani

акциони јунак

a aktiefiguurtje

бенкица за бебе

a beibikrosi

фризби

a frisbee

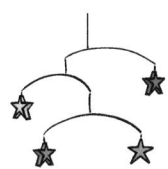

висеће играчке

a mobile

друштвене игре

a prei tapu bord

коцка

a prei ston

минијатурна жељезница

a prei sani loko

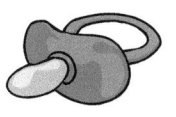

дуда

a bobimofo

забава

a fesa

сликовница

a prenki buku

лопта

a bal

лутка

a popki

играти

prei

дечија соба - a pikin kamra

пешчаник
a santi baki

љуљачка
a boboisturu

играчка
den preisani

конзола за игре
a prei komputer

трицикл
a baysigri

теди
a prei sani

ормар
a krosikasi

одећа
a krosi

кратке чарапе
den kowsu

чарапе
den kowsu

хулахопке
a kowsu

одећа - a krosi

боди

a skin

панталоне

a bruku

фармерке

a jeansbruku

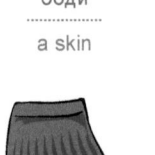

сукња

a koto

блуза

a blus

кошуља

a empi

џемпер

a empi

џемпер с капуљачом

a dyaki

сако

a djakti

јакна

a dyakti

мантил

a alendyakti

кабаница

a alendyakti

костим

a paki

хаљина

a yapon

венчаница

a trowyapon

одело

a paki

спаваћица

a sribikrosi

пиџама

a sribikrosi

сари

a sari

марама за главу

a angisa

турбан

a tulband

бурка

a burka

кафтан

a kaftan

абаја

a abaya

купаћи костим

a swenkrosi

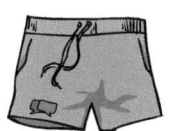

купаће гаћице

a swenbruku

кратке панталоне

a syatu bruku

одећа за тренинг

a training paki

кецеља

a feskoki

рукавице

a handschoen

одећа - a krosi

дугме a knopo	наочаре a aygrasi	наруквица a anubuy

огрлица a keti	прстен a linga	наушница a yesilinga

капа a ati	вешалица a krosi anga	шешир a ati
	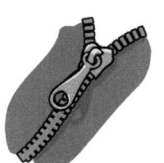	
кравата a tay	патент затварач a rits	кацига a feti musu
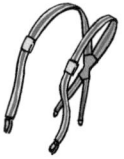		
нараменице a bretel	школска униформа a sem skoro krosi	униформа a sem krosi

одећа - a krosi

подбрадак
a slabbetje

дуда
a bobimofo

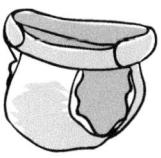
пелена
a pisiduku

канцеларија
a kantoro

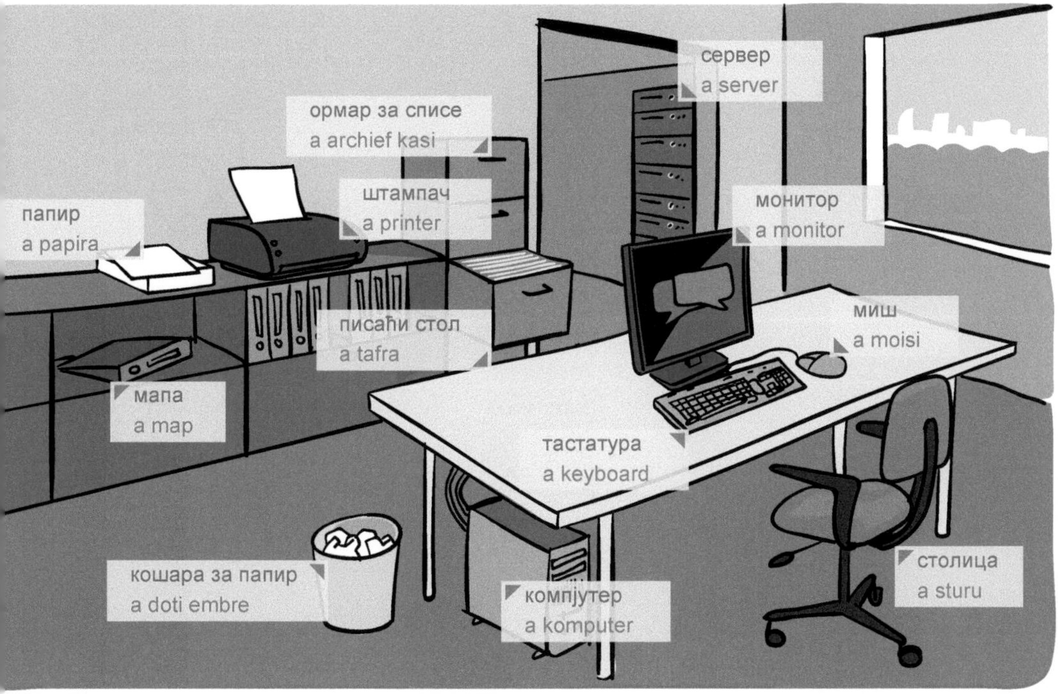

сервер
a server

ормар за списе
a archief kasi

монитор
a monitor

папир
a papira

штампач
a printer

писаћи сто
a tafra

миш
a moisi

мапа
a map

тастатура
a keyboard

столица
a sturu

кошара за папир
a doti embre

компјутер
a komputer

шалица за каву
a kofi kan

калкулатор
a kalkulator

интернет
a internet

лаптоп
a laptop

писмо
a brifi

порука
a boskopu

мобилни телефон
a konkrutitei

мрежа
a neti

уређај за копирање
a kopi masyin

софтвер
a software

телефон
a konkrutitei

утичница
a stopkontakt

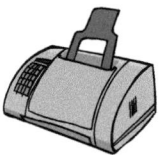
факс
a fax masyin

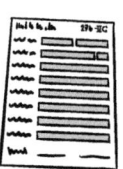
формулар
a formulier

документ
a papira

канцеларија - a kantoro

економија
a ekonomia

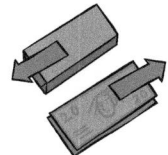
куповати
bai

платити
pai

трговати
du

новац
a moni

долар
a dollar

евро
a euro

јен
a yen

рубља
a rubel

швајцарски франак
a frank

ренминдби јуан
a renminbi yuan

рупија
a rupie

аутомат за новац
a monimasyin

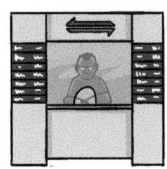

мењачница

a kenki kantoro

злато

a gowtu

сребро

a solfru

нафта

a oli

енергија

a krakti

цена

a prijs

уговор

a kontrakti

порез

a lantimoni

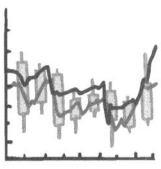

деонице

a pisi

радити

wroko

службеник

a wrokoman

послодавац

a wrokobasi

фабрика

a fabrik

продавница

a wenkri

занимања
den kari

полицајац — a skowtu
ватрогасац — a brandweerman
кувар — a boriman
лекар — a datra
пилот — a piloot

вртлар
a djariman

столар
a temreman

кројачица
a modist

судија
a krutubasi

хемичар
a scheikunde sma

глумац
a akteur

занимања - den kari

возач аутобуса
a bus sjafeur

возач таксија
a taximan

рибар
a fisiman

чистачица
a krinsma

кровопокривач
a dakitapu man

конобар
a diniman

ловац
a ontiman

сликар
a ferfiman

пекар
a bakriman

електричар
a elektrikman

грађевински радник
a bow-wroko man

инжењер
a ensjinoru

месар
a sraktiman

лимар
a loodgieter

поштар
a postbode

занимања - den kari

војник
a srudati

архитекта
a architekt

благајник
a kasman

цвећар
a bromkisma

фризер
a seti sma wiri man

кондуктер
a kondukteur

механичар
a monteur

капетан
a kapten

зубар
a tifidatra

научник
a sabiman

раби
a Dyu domri

имам
a Moslim domri

монах
a moniki

свећеник
a priester

занимања - den kari

алати
a wrokosani

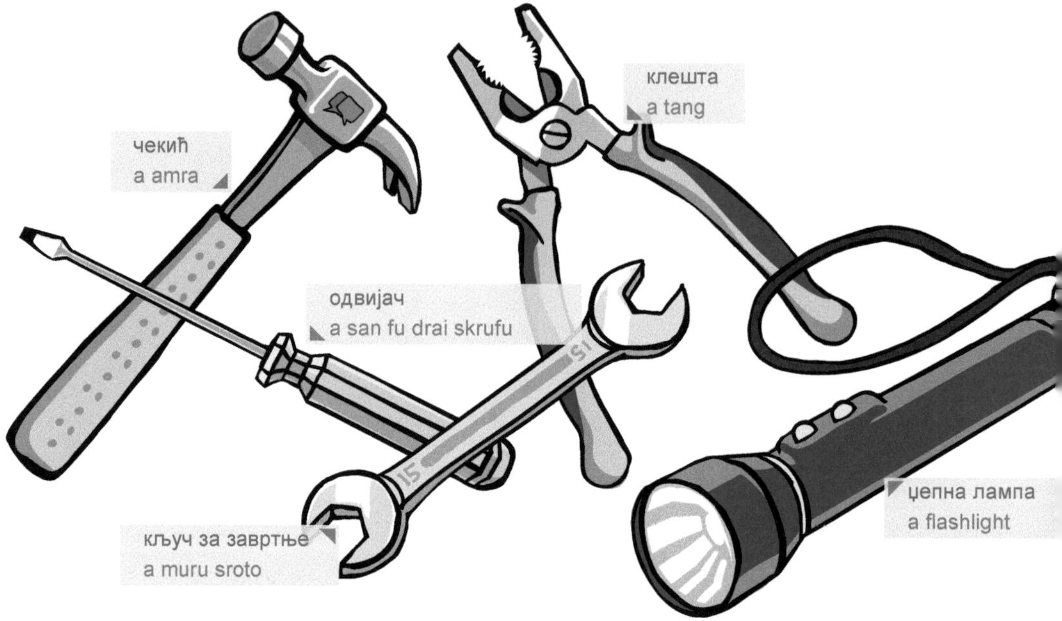

чекић
a amra

клешта
a tang

одвијач
a san fu drai skrufu

кључ за завртње
a muru sroto

џепна лампа
a flashlight

багер

a dikimasyin

кутија за алат

a wrokosani kisi

мердевине

a trapu

пила

a sa

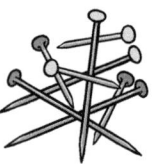

ексер

den spikri

бушилица

a boro

поправити
meki

лопата
a skepi

до ђавола!
Baya!

лопатица
a stofblik

лонац за боју
a ferfi patu

завртањи
den skrufu

музички инструмент
den poku sani

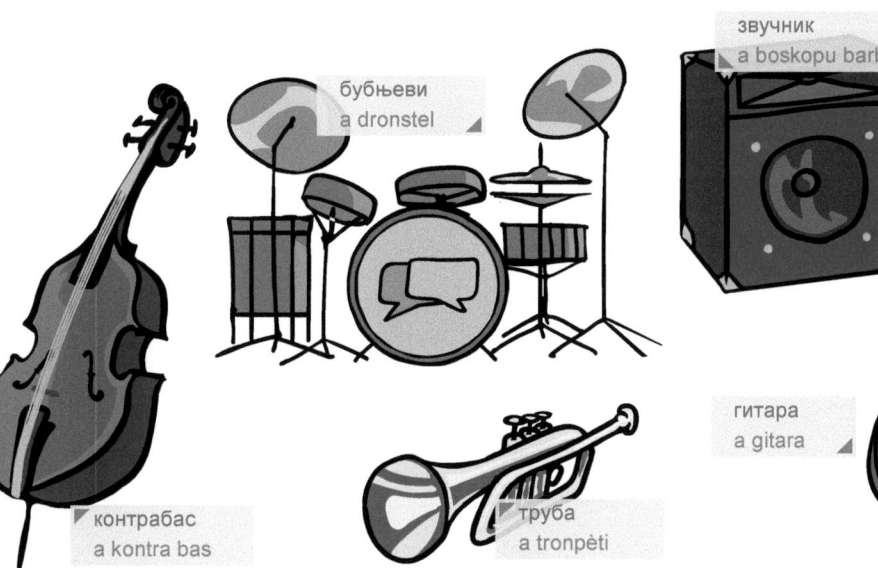

контрабас
a kontra bas

бубњеви
a dronstel

звучник
a boskopu barbari sani

труба
a tronpèti

гитара
a gitara

клавир	виолина	бас
a piano	a finyoro	a bas

тимпани	удараљке за бубњеве	типке клавира
a pauk	a dron	a keyboard

саксофон	флаута	микрофон
a saxofon	a froiti	a mikrofon

зоолошки врт
a meti dyari

тигар
a tigri

улаз
a mofodoro

кавез
a pen

зебра
a sabanaburiki

храна за животиње
a meti nyan

панда
a panda

животиње

den meti

слон

a asaw

кенгур

a kangeru

носорог

a neushoorn

горила

a gorilla

медвед

a beer

 камила a kameri	 ној a stroisifowru	 лав a lew
 мајмун a monki	 фламинго a korikori	 папагај a popokai
 поларни медвед a ijsbeer	 пингвин a pinguïn	 ајкула a sarki
 паун a prodokaka	 змија a sneki	 крокодил a kaiman
 чувар у зоолошком врту a sma san e sorgu meti	 туљан a sedagu	 јагуар a penitigri

зоолошки врт - a meti dyari

пони

a pikin asi

леопард

a penitigri

нилски коњ

a watrabofru

жирафа

a giraf

орао

a aka

дивља свиња

a werder agu

риба

a fisi

корњача

a sekrepatu

морж

a walrus

лисица

a sabanadagu

газела

a dia

зоолошки врт - a meti dyari

спорт
a sport

активности
den aktifiteit

писати	цртати	показати
skrifi	hari	sori

гурати	дати	узети
pusu	gi	teki

 имати abi	 чинити dati	 бити de
 стојати tnapu	 трчати lon	 повлачити hari
 бацити trowe	 падати fadon	 лежати lei
 чекати wakti	 носити tyari	 седити sidon
 облачити weri	 спавати sribi	 пробудити се wiki

гледати
luku

плакати
krei

миловати
korikori

чешљати
kan

говорити
taki

разумети
ferstan

питати
aksi

слушати
arki

пити
dringi

јести
nyanyan

поспремити
krin

волети
lobi

кухати
bori

возити
rei

летети
frei

активности - den aktifiteit

пловити
seiri

рачунати
teri

читати
lesi

учити
leri

радити
wroko

венчати се
trow

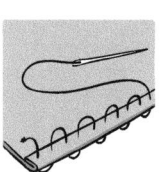

шити
nai

прати зубе
krintifi

убити
kiri

пушити
smoko

послати
seni

активности - den aktifiteit

породица
a famiri

- бака — a granmama
- деда — a granpapa
- отац — a papa
- мајка — a mama
- беба — a beibi
- ћерка — a umapikin
- син — a manpikin

гост
a fisiti

тетка
a tanta

ујак, стриц
a omu

брат
a brada

сестра
a sisa

тело
a skin

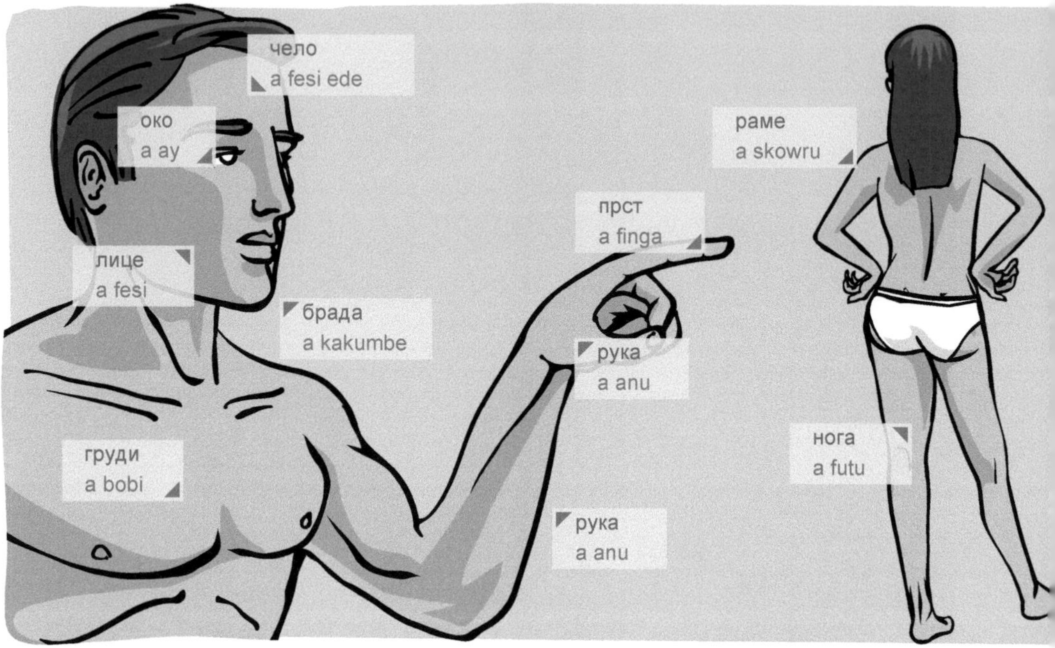

- чело — a fesi ede
- око — a ay
- лице — a fesi
- брада — a kakumbe
- груди — a bobi
- прст — a finga
- рука — a anu
- рука — a anu
- раме — a skowru
- нога — a futu

беба
a beibi

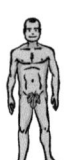

мушкарац
a man

жена
a uma

девојчица
a uma pikin

дечак
a boi

глава
a ede

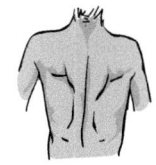

леђа
a baka

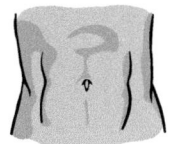

стомак
a bere

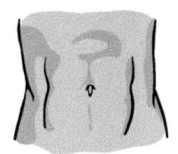

пупак
a kumba

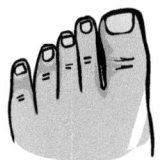

ножни прст
a futufinga

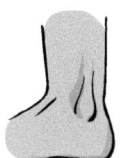

пета
a bakafutu

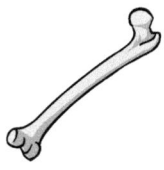

кост
a bonyo

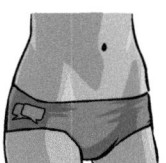

кукови
a djonku

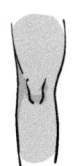

колено
a kindi

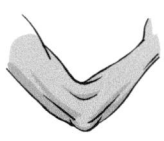

лакат
a baka anu

нос
a noso

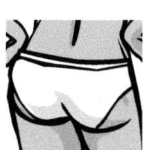

задњица
a bakasei

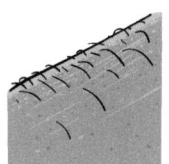

кожа
a skin

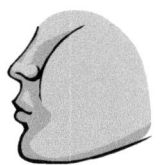

образ
a seifesi

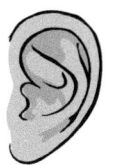

уво
a yesi

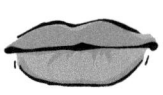

усна
den mofobuba

тело - a skin

69

уста

a mofo

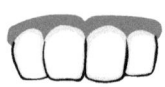

зуб

a tifi

језик

a tongo

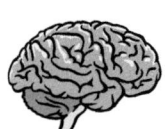

мозак

a ede tonton

срце

a ati

мишић

a titei

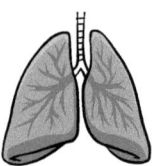

плућа

a fokofoko

јетра

a lefre

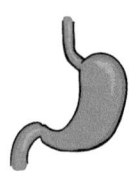

желудац

a bere

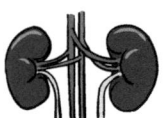

бубрези

den niri

полни однос

a freiri

кондом

a pipikowsu

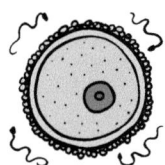

јајна ћелија

a eksi

сперма

a siri

трудноћа

a bere

тело - a skin

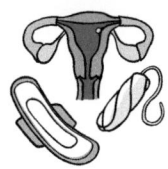
менструација
a munsiki

вагина
a umapresi

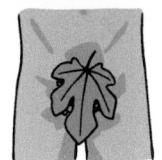
пенис
a toli

обрва
a tapu-ay-wiwiri

коса
a wiwiri

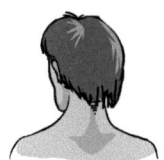
врат
a neki

тело - a skin

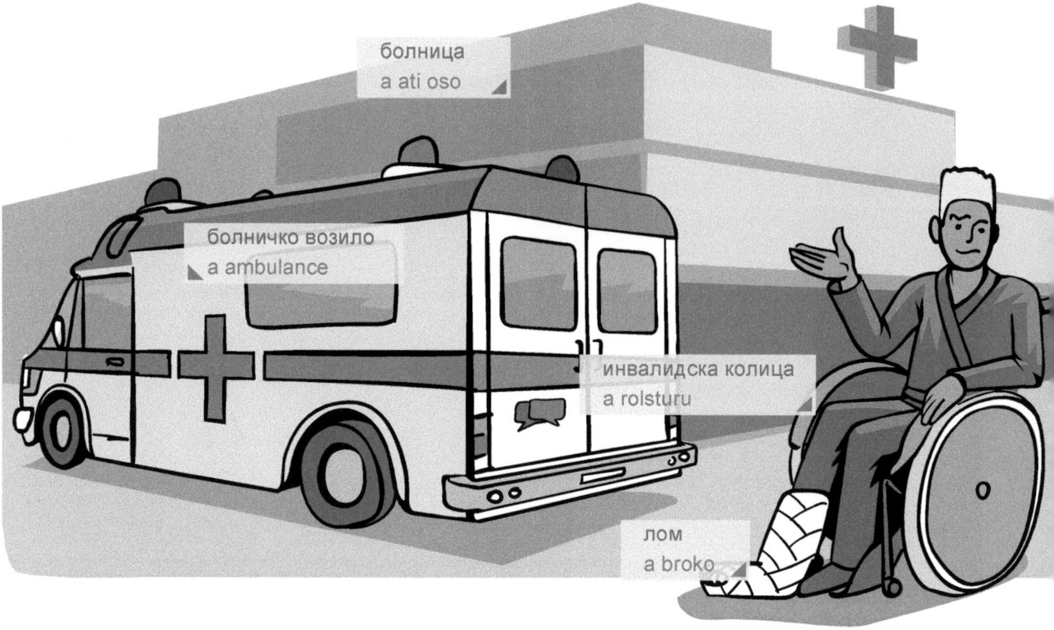

болница
a ati oso

болница
a ati oso

болничко возило
a ambulance

инвалидска колица
a rolsturu

лом
a broko

лекар

a datra

хитна медицинска служба

a EHBO

медицинска сестра

a suster

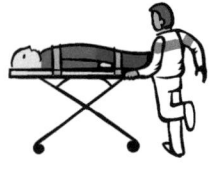

хитни случај

a nowtu

несвест

flaw

бол

a pen

повреда
a soro

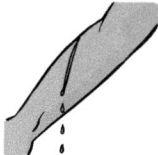

крварење
a brudu

срчани удар
a ati siki

удар
a bururtu

алергија
a trefu

кашаљ
koso

грозница
a kortsu

грипа
a griep

пролив
a lusu bere

главобоља
a ede-ati

рак
a takrusiki

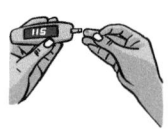

дијабетес
a sukru

хирург
a chirurg

скалпел
a skalpel

операција
a operâsi

болница - a ati oso

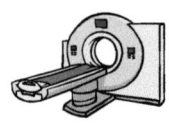

цт
a CT

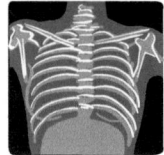

рентген
a röntgen

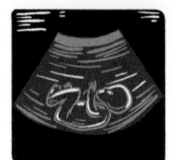

ултразвук
a echo

маска
a fesi maskradu

болест
a siki

чекаона
a wakti kamra

штака
a kroku

фластер
a duku

завој
a duku

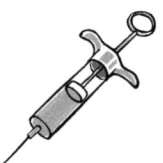

инјекција
a spoiti

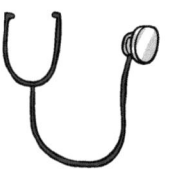

стетоскоп
a stethoskoop

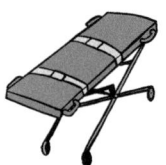

носила
a brandkard

термометар
a temperatuur marki

рођење
a gebore

прекомерна тежина
a fatu

болница - a ati oso

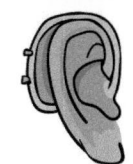
слушни апарат
a masyin fu yere

средство за дезинфекцију
a sani fu krin

инфекција
a dyomposiki

вирус
a firus

хив / аидс
a HIV / AIDS

медицина
a dresi

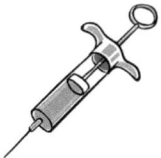
вакцинација
a faksinasi

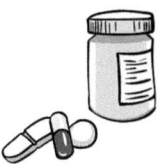
таблете
den perki

пилула
a perki

хитни позив
a nowtu nomru

уређај за мерење притиска
a brudu marki

болесно / здраво
siki / gesontu

болница - a ati oso

хитни случај
a nowtu

помоћ!	аларм	насртај
Yepi!	a warskow	a feti

напад	опасност	излаз у случају нужде
a feti	a ogri	a nowtu doro

пожар!	противпожарни апарат	незгода
Faya!	a fayakiri sani	a mankeri
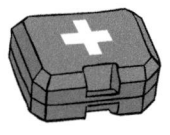		
кутија прве помоћи	сос	полиција
a EHBO-kofru	SOS	a skowtu

земља
a grontapu

Европа
Bakrakondre

Северна Америка
Opo-Amerkan

Јужна Америка
Suid-Amerkan

Африка
Afrika

Азија
Asi

Аустралија
Australia

Атлантик
a Atlantis Se

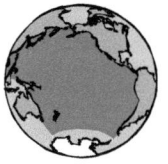
Пацифик
a Tan tiri Se

Индијски океан
a Indisch Se

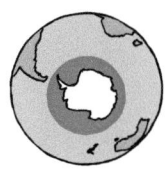
Антарктички океан
a Suidsei Se

Арктички океан
a Noordsei Se

Северни рол
a Noordsei

Јужни рол
a Suidsei

Антарктик
Antartika

земља
a grontapu

земља
a kondre

море
a se

оток
a eilanti

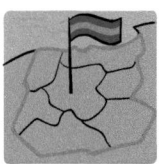

нација
a nâsi

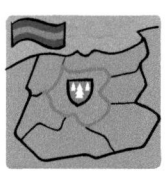

држава
a lanti

сат
oloisi

бројчаник сата
a oloisi fesi

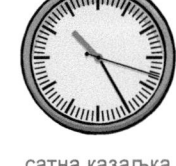

сатна казаљка
a yuru sori

минутна казаљка
a miniti sori

секундна казаљка
a sekonde sori

Колико је сати?
O lati a de?

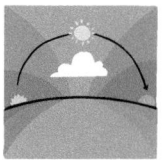

дан
a dey

време
a ten

сада
now

дигитални сат
a oloisi

минута
a miniti

час
a yuru

седмица
a wiki

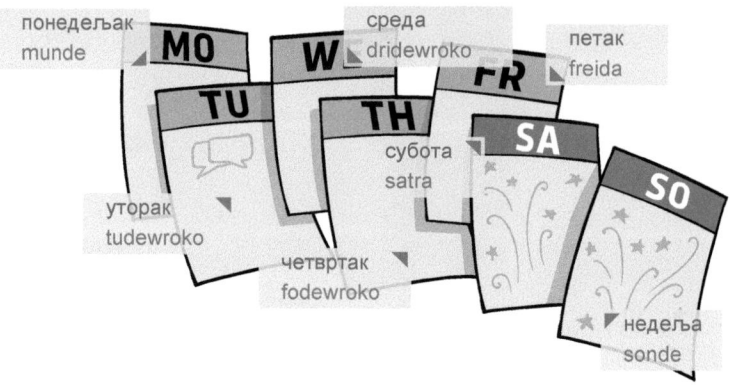

понедељак — munde
среда — dridewroko
петак — freida
уторак — tudewroko
четвртак — fodewroko
субота — satra
недеља — sonde

јуче
esde

данас
tide

сутра
tamara

јутро
a mamanten

подне
a bakadina

вече
a neti

радни дани
den wrokodei

викенд
a weekend

година

a yari

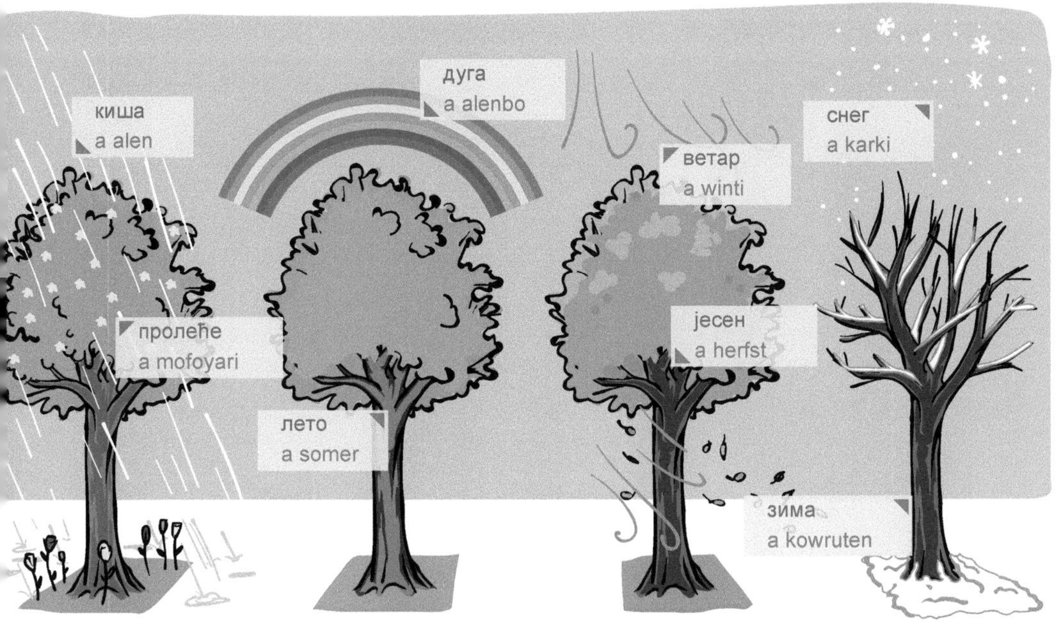

киша
a alen
дуга
a alenbo
снег
a karki
ветар
a winti
пролеће
a mofoyari
јесен
a herfst
лето
a somer
зима
a kowruten

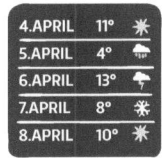

4.APRIL 11°
5.APRIL 4°
6.APRIL 13°
7.APRIL 8°
8.APRIL 10°

етеоролошка прогноза

a taki fu a weer

F C
120 40
90 30
60 20
30 10
0 0
-30 -10
-20

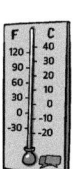

термометар

a thermometer

сунчана светлост

a skèin fu a son

облак

a wolku

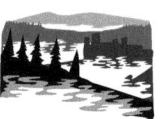

магла

a dow

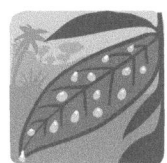

влажност ваздуха

a loktu foktu

муња
a faya

грмљавина
a dondru

олуја
a sekiwatra

туча
a agra

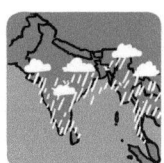
монсун
a bigi skwala

поплава
a frudu

лед
a èisi

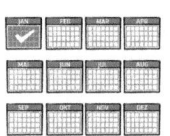
јануар
januari

фебруар
februari

март
maart

април
april

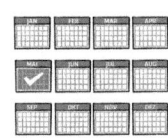
мај
mei

јуни
juni

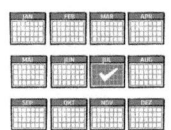
јули
juli

август
augustus

година - a yari

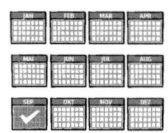
септембар
september

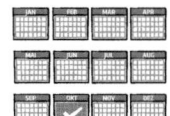
октобар
oktober

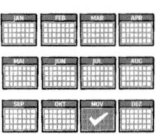
новембар
nofember

децембар
december

облици
den form

круг
a lontu

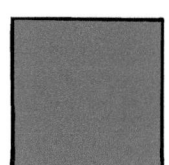
квадрат
a fokanti

правоугао
a fokanti naga langa sei

троугао
a dri-uku

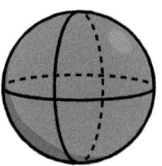
кугла
a lontu

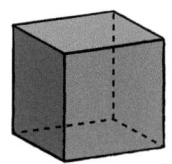
коцка
a kubus

боје
kloru

бела
witi

жута
geri

наранџаста
alanya

ружичаста
ròs

црвена
redi

љубичаста
lila

плава
blaw

зелена
grun

смеђа
broin

сива
grei

црна
blaka

супротности
difrenti

много / мало

tumsi / wanwan

љутито / мирно

atibron / tiri

лепо / ружно

moi / takru

почетак / крај

begin / kba

велико / малено

bigi / ptyin

светло / тамно

lekti / dungru

брат / сестра

brada / sisa

чисто / прљаво

krin / doti

потпуно / непотпуно

krinkrin / no bun nofo

дан / ноћ

dei / neti

мртво / живо

dede / libi

широко / уско

bradi / smara

јестиво / нејестиво
kan nyan / no kan nyan

зло / добро
takru / bun

узбуђено / досадно
prisiri / ferferi

дебело / мршаво
fatu / fini

на почетку / на крају
fosi / lasti

пријатељ / непријатељ
mati / feyanti

пуно / празно
furu / leigi

тврдо / мекано
tranga / safu

тешко / лагано
hebi / lekti

глад / жеђ
angri / dreineki

болесно / здраво
siki / gesontu

илегално / легално
no gi pasi / tru

паметно / глупо
koni / don

лево / десно
kruktu / leti

близу / далеко
gi / fara

супротности - difrenti

ново / половно
nyun / owru

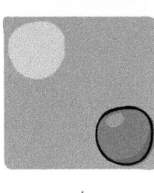
ништа / нешто
noti / wan sani

старо / младо
owru / jongu

укључено / искључено
leti / tapu

отворено / затворено
opo / tapu

тихо / гласно
safu / tranga

богато / сиромашно
gudu / poti

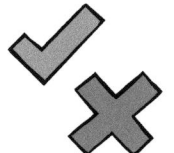
тачно / погрешно
bun / fowtu

храпаво / глатко
grofu / grati

тужно / сретно
sari / breiti

кратко / дуго
shatu / langa

полако / брзо
loli / esi esi

мокро / сухо
nati / drei

топло / хладно
warang / kowru

рат / мир
feti / freide

супротности - difrenti

87

бројеви
den nomru

0 нула — noti

1 један — wan

2 два — tu

3 три — dri

4 четири — fo

5 пет — feifi

6 шест — siksi

7 седам — seibi

8 осам — aiti

9 девет — neigi

10 десет — tin

11 једанаест — erfu

12
дванаест
twarfu

13
тринаест
tin-na-dri

14
четрнаест
tin-na-fo

15
петнаест
tin-na-feifi

16
шестнаест
tin-na-siksi

17
седамнаест
tin-na-seibi

18
осамнаест
tin-na-aiti

19
деветнаест
tin-na-neigi

20
двадесет
twenti

100
стотину
hondru

1.000
хиљаду
dusun

1.000.000
милион
milyun

бројеви - den nomru

језици
den tongo

енглески
Ingristongo

амерички енглески
Amerkan Ingristongo

мандарински кинески
Sneisi Mandarijntongo

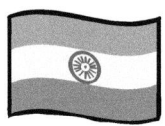
хиндски
Hinditongo

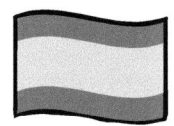
шпански
Spanyoro

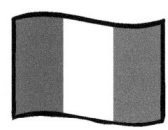
француски
Frans

арапски
Arabiatongo

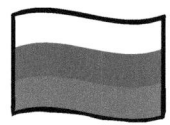
руски
Rusitongo

португалски
Potogisi

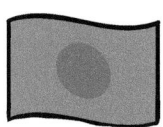
бенгалски
Bengalitongo

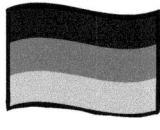
немачки
Doisritongo

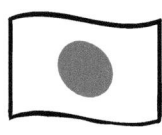
јапански
Japantongo

ко / шта / како
suma / sang / fa

ja
mi

ти
yu

он / она / оно
en / en / en

ми
unu

ви
yu

они
den

Ко?
suma?

Шта?
san?

Како?
fa?

Где?
pe?

Када?
oten?

име
a nen

где
ре

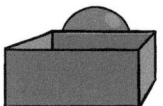

иза
baka

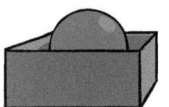

у
ini

испред
fesi

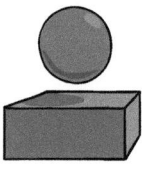

преко
abra

на
tapu

испод
ondro

поред
na sei

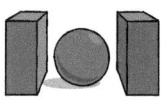

између
mindri

место
presi